CONCLUSIONS

SUR

L'APPEL DU JUGEMENT DU TRIBUNAL DE COMMERCE

POUR

M. Maximilien VAYSON. — *Appelant.*

CONTRE

M. Jean-Antoine VAYSON. — *Intimé.*

———————————

AMIENS

IMPRIMERIE DE E. YVERT, RUE SIRE-FIRMIN-LEROUX, 24

—

1860

libéralité de ce qui ne l'était pas. — Ce qui était *libéralité*, c'était la *cession gratuite* de la suite des affaires, la *cession gratuite* du droit de se dire son successeur ; la cession gratuite de ce que les commerçants appellent aujourd'hui leur clientelle ; ce qui était libéralité, ce pouvait être la fixation du prix de l'inventaire ; c'était toutes les déductions opérées en fin d'inventaire et sur les marchandises, et sur les escomptes présumés, et sur le crédit de Pont-Remy ; ce qui était libéralité, sans être donation, c'était de fournir plus de 500,000 fr. à 5 0/0, sans prescrire de termes de remboursement, afin d'attendre les circonstances où ils pourraient être fixés en connaissance de cause, et d'avoir continué à laisser tous les fruits des capitaux dans la maison ; mais ce qui n'était ni libéralité ni donation c'était la livraison du fonds de commerce pour 549,034 fr. 86 c.

Qu'il n'y a pas à examiner quelle était l'opinion des tiers ou du public, sur le degré d'affection de M. et de Mme Vayson, pour un enfant qu'ils avaient élevé ;

Que M. Vayson n'a rien à répondre sur la prétendue pression de ses autres parents, qu'à la nier ; qu'il n'a même pas à s'expliquer sur les causes qui ont refroidi son amitié pour son neveu. Les chagrins intérieurs et les injures de famille ne sont pas du ressort des tribunaux ;

Qu'il est injuste de dire, par préambule, que Maximilien Vayson veut ruiner celui qu'il a enrichi ; que Jean Vayson verrait s'écrouler sa position commerciale, briser son avenir et serait plus malheureux cent fois que s'il n'eût pas assumé la LOURDE *succession* des affaires, et d'opposer cette prétendue imminence de ruine à la prétendue richesse de Maximilien Vayson, *deux fois* millionnaire en dehors de ce qu'il revendique ;

Que cela est injuste, par voie de préambule, parce que, avant d'avoir le droit de dire qu'un créancier veut nous ruiner, il faut prouver qu'on n'est pas débiteur ;

Que c'est injuste au fond, quand ce même créancier, à cause des besoins commerciaux de son débiteur, lui a accordé l'usufruit de 60,000 fr. d'une dette exigible sans aucune sûreté, et quand ce même créancier, dans les mêmes vues, déclare qu'il s'en rapporte pleinement à la prudence de la Cour pour la fixation équitable des termes de paiement ;

Que c'est injuste, car, sauf la question de délais, la justice n'a pas à examiner si le demandeur est plus riche que le défendeur, et que, la réputation de richesse d'un particulier est souvent trompeuse ;

Attendu qu'il est inexact de dire qu'il y a eu *brusquerie* dans l'exploit révocatif, du 30 mars 1858, puisqu'il est certain qu'il y a eu des pourparlers, en 1857, et que les deux premières rectifications de M. Maximilien Vayson, au compte présenté par son neveu, *avant le procès* et imprimé à la suite des conclusions du neveu, sont, 1° les 315,242 fr. 08 du compte nouveau, au 1ᵉʳ avril 1855, 2° et les 519,034 fr. 86 du compte ancien ; ainsi, dès 1856 et 1857, il y avait eu révocation verbale, même des jouissances de lieux, il fallait bien que l'oncle commençât environ un an après, puisque, sans exploit, les jouissances continuaient.

En ce qui concerne la somme principale de 309,757 fr. 74 c.

Attendu que, pour la première fois, Jean Vayson fait poser en point de fait (Conclusions imprimées, page 9), que, dans l'intention commune des parties, il y avait, dès les écritures des 28 février et 1ᵉʳ mars 1850, abandon ou remise, au profit de Jean Vayson, DE LA NUE PROPRIÉTÉ des 519,034 fr. 86 c. ;

Qu'il est certain que, si cette assertion est vraie et juridique, le procès de Maximilien Vayson, en paiement des 509,757 fr. 74 c. qui en sont le reliquat, serait mal fondé ;

Qu'il faut donc examiner préalablement si les 519,034 fr. 86 c. étaient dus dans l'intervalle de 1850 jusqu'au 31 mars 1855, et, si, dans cet intervalle, il y a eu abandon ou remise de cette nue-propriété, et preuve légale de cet abandon ;

Attendu, en fait, que l'oncle articule que, le 28 février 1850, il a mis son neveu à la tête de son commerce, sans autre écrit que celui qui se trouve au pied du résumé de l'inventaire, f° 289, soit en y laissant du blanc pour rédiger un arrangement plus détaillé, soit en le laissant sur le brouillon de l'inventaire ; que le neveu a accepté de fait, en prenant le commerce et sa gestion ; et en acceptant la cession à la date du lendemain ; et en se reportant à la convention, rédigée ou non, et en la rappelant par sa première écriture au f° 290 du même registre ; que M. Maximilien Vayson articule avoir rédigé la convention, mais sous une condition résolutoire en cas de prédécès du neveu, qui, chargé d'en faire les doubles et de la faire transcrire, a su temporiser et n'a rien fait, sans doute, parce que la condition résolutoire lui déplaisait et qu'il ne voulait pas le dire formellement à son oncle ;

Attendu que pour établir qu'il n'est rien dû, et qu'il y a eu abandon ou remise, Jean Vayson soutient (page 8 de l'imprimé), que ces mots : « *Je confie à mon neveu*, sont équivoques ; qu'on ne trouve pas, dans la mention, de fixation de termes de paiement ; qu'il n'y a qu'une réserve d'intérêts qui fait supposer la remise du capital ; que Jean Vayson, établissant son capital au 1ᵉʳ mars, se constitue propriétaire de ladite somme de 519,034 fr. 86 c., ne se constitue nulle part, sur ses registres, débiteur des 519,034 fr. 86 c. ; qu'il ne porte pas cette somme au compte personnel de M. Vayson, où il ne fait figurer que les intérêts de cette même somme ; et pour donner plus de force à cet agencement de circonstances, il fait remarquer qu'il en est de même des 100,000 fr. du mobilier industriel d'Abbeville, dont parle la mention datée du 1ᵉʳ mars 1850.

Mais, attendu que ce système, qui place un abandon ou remise de la nue-propriété de 519,034 fr. 86 c., au jour ou au lendemain de la cession de suite des affaires, est contraire à la vraisemblance et au droit ; et par conséquent contraire à la vérité ;

Qu'en effet, il est contraire *à toute vraisemblance* qu'un négociant, quelque riche qu'on le suppose, quand il a une femme qu'il chérit et qui relativement à lui est sans fortune, donne, d'un seul coup, à un neveu, jeune homme de 22 ans, plus d'un demi-million *en nue-propriété*, avant que ce neveu ne se marie et ne devienne chef de famille ;

au risque de tout perdre, même les intérêts, si ce neveu meurt prématurément; au risque de voir, dans ce cas, vendre à des étrangers un établissement industriel qui a fait l'honneur, la gloire et la fortune de son auteur; au risque d'être tenu des dettes de son successeur, comme commanditaire présumé, puisque, bien que le commerce fût au nom du neveu, l'habitation était commune, et dans l'opinion du pays, l'oncle était derrière le neveu pour le soutenir...; au risque de voir, de son vivant, passer un demi million aux héritiers de son neveu, qui n'étaient pas les mêmes que les siens, c'était donc impossible;

Attendu que le contrat qui se passait les 28 février et 1er mars 1850 était dans la vérité dans ses termes, *une cession de suite des affaires* d'un négociant qui, le **28** février, cessait de l'être, à son neveu qui, le 1er mars, devenait négociant : tel était le contrat dans la vérité, puisque l'inventaire sur lequel il était établi comprenait, non seulement les marchandises fabriquées et les matières premières étant dans la fabrique, mais les dettes actives et passives envers les commettants, commissionnaires, dépositaires, etc., etc.; tel était le contrat dans ses termes, puisque la mention de l'oncle, f° 289, porte ces mots : « *Mon neveu Jean-Antoine Vayson,* » A QUI J'AI CÉDÉ LA SUITE DE MES AFFAIRES, *d'après l'arrangement signé* » *entre nous au bas de l'inventaire détaillé, relaté ci dessus;* » et que la mention du neveu, f° 290, porte : « M. Vayson, mon » oncle, M'AYANT CÉDÉ LA SUITE DE SES AFFAIRES, *suivant arrangement* » *ci-dessus relaté et transcrit* au bas de l'inventaire, arrêté le 28 février , *1850,* aussi relaté..... »

Attendu que, dès que le contrat est *une cession de suite des affaires,* il est un contrat *à titre onéreux,* et doit s'interpréter suivant la nature du contrat à titre onéreux;

Attendu qu'il n'y a pas d'équivoque sur les mots *que je confie à mon neveu;* que le contrat soit *une vente* ou *un mandat,* l'explication en est toute naturelle dans chaque cas : Si c'est un mandat, c'est l'actif net de l'inventaire du mandant qui est confié; si c'est une vente, c'est la somme ou le prix auquel est fixé, par l'inventaire, l'actif net qui est transmis en marchandises, créances, effets en portefeuille, etc.

Attendu qu'il y a encore moins d'équivoque, en remarquant qu'alors les conditions accessoires de la cession n'étaient point arrêtées ; que l'oncle désirait qu'elle fût ferme, si son neveu lui survivait, et résolutoire *ut ex tunc*, en laissant les bénéfices à la succession du neveu, s'il lui survivait ; et que les mots « *Que je lui confie* » convenait aux deux cas que son esprit prévoyait dans le contrat à rédiger ;

Attendu qu'aujourd'hui que l'oncle s'est déterminé à renoncer à la condition résolutoire qu'il proposait, le contrat se borne à une vente de la suite du commerce de l'oncle, et des marchandises, créances, effets en portefeuille, etc., énumérés en l'inventaire, s'élevant comme actif net, déduction faite du passif, à la somme de 519,034 fr. 86, qu'il a confiée à son neveu, et que, par conséquent, son neveu devait *comme prix de vente*, contrat parfait dès qu'on est d'accord sur la chose et sur le prix.

Attendu qu'il importe peu qu'il n'ait pas été alors fixé de termes pour le paiement : C'était une fixation accessoire à faire ou par la convention, ou plus tard, quand arriverait un changement d'état, par les parties ou par la justice, et que l'oncle devait faire suivant la possibilité de l'acheteur ;

Attendu qu'il est inexact de dire *qu'on ne trouve dans la mention qu'une réserve d'intérêt qui fait supposer la remise du capital* ; qu'en effet, stipuler, dans un contrat intéressé, le paiement des intérêts du prix de vente ou de la somme que l'on confie, quand les circonstances ne permettent pas encore de fixer les époques d'échéance du capital, ce n'est ni donner ni abandonner ce capital : au contraire, c'est constater qu'il est dû, puisqu'on exige que ce capital produise des fruits annuels ;

Attendu que, pas un mot n'indique que les intérêts stipulés en 1850 ne devaient être servis que pendant la vie de Maximilien Vayson ; que le contrat, tel qu'il résulte des deux mentions, était fait pour les parties, leurs héritiers ou ayant-cause, suivant l'art. 1122 du Code Napoléon, puisque le contraire n'était point exprimé, ni ne résultait pas de la nature de la convention ;

Qu'en conséquence, si M. Maximilien Vayson était venu à mourir avant son neveu, les intérêts auraient dû être payés à ses héritiers, sauf aux tribunaux à fixer l'époque du paiement du capital ;

Que, puisque les intérêts se seraient, de droit, prolongés au-delà de la vie de M. Maximilien Vayson, la stipulation d'intérêts dans son prétendu isolement de toute autre stipulation, ne peut pas faire supposer la remise du capital ;

Attendu qu'il est certain que confier à quelqu'un un demi million pour faire un commerce, suivant un arrangement rédigé ou à rédiger, à la charge d'en servir l'intérêt, ne constitue pas une donation de la nue-propriété de ce capital sous réserve d'usufruit au profit du bailleur de fonds ;

Attendu qu'à la page 8 des Conclusions imprimées, Jean Vayson le prétend pourtant par présomption, et dit que cette présomption devient une certitude complète lorsque l'on voit Jean Vayson établir son capital au 1er mars 1850, se constituer propriétaire de ladite somme de 519,054 fr. 86 c., ne se constituer nulle part débiteur de ladite somme, ne pas la porter au compte personnel de Maximilien Vayson, et n'y faire figurer que les intérêts desdits 519,054 fr. 86 c. ; qu'il est donc, selon lui, certain, en point de fait, que, dans l'intention commune des parties, il y avait abandon ou remise, au profit de Jean Vayson, de la nue-propriété des 519,054 fr. 86 c. ;

Attendu que, développant ce système dans une note imprimée, p. 46, Jean Vayson, allègue pour la première fois, que sa mention ou acceptation du 1er mars 1850 se termine par ces mots : *Total général formant mon actif net au 1er mars 1850, 519,054 fr 86 c.*, et dit qu'il excipe, avant tout, d'une écriture qui est la première de sa comptabilité dont elle est la base ; d'une écriture la plus importante de toutes, qui constitue son capital actif net, et dans laquelle figure, comme premier élément de cet actif net, la somme de 519,054 fr. 86 c. !!!

Que de là il conclut, 1° p. 42, que Maximilien Vayson est sans

titre pour former sa demande ; que l'omission d'un compte particulier et l'omission de créditer Maximilien Vayson des 519,034 fr. 86,
entraînent donation, remise ou abandon de la nue-propriété, et que
pour que Maximilien Vayson fût resté propriétaire des 519,034 fr. 86,
il faudrait aller jusqu'à dire « que l'omission *même concertée et con-*
» *venue* sur un livre de commerce, n'est pas par elle-même la preuve
» de la libération de celui qui a omis de se débiter par cette écri-
» ture, ou de créditer un tiers ;

Mais attendu : 1° que, quoiqu'on en dise, Jean Vayson étant
conventionnellement dépositaire nécessaire des livres de M. Maximilien
Vayson, son cédant, est tenu de communiquer à celui-ci ses anciens
livres, et notamment le livre-journal de 1850, qui leur est commun
à tous deux ;

Attendu, 2° que, de ce livre-journal, il résulte qu'un contrat a été
proposé par l'oncle le 28 février 1850, et accepté par le neveu,
le 1er mars ; — que les deux mentions faites par chacun sont
donc les deux parties d'un contrat synallagmatique qui a été exécuté ;

Attendu, 3° que pour bien entendre l'acceptation, il faut voir si
elle se rapporte avec la proposition ;

Attendu, 4° que, la proposition de l'oncle est celle d'un contrat
intéressé, et qu'il n'y est rien dit d'un don ni d'une libération ; que
si Maximilien Vayson s'était ouvert un compte personnel pour son
avoir commercial, on n'allègue ni ne justifie que Maximilien Vayson
ait déchargé son compte personnel par une écriture de libération
envers son neveu ;

5° Que la première partie de l'acceptation, 1er mars, reconnaît que
l'oncle lui a fait cession de la suite de ses affaires, suivant l'arrangement qu'il dit transcrit et qui était à transcrire ; qu'en tout
l'acceptation est la suite d'un acte à titre onéreux :

6° Qu'on ne comprend pas, si l'acte était une donation de la nue-
propriété, que M. Vayson ait fait des déductions pour escomptes
présumées, et sur les estimations, et qu'on comprendrait encore
moins, qu'ayant cru accepter une donation, le neveu ait débité son
oncle de pertes sur des objets compris dans l'inventaire ;

7° Que, quelque nombreux que soient les livres en usage dans le commerce, il n'y en a cependant que deux exigés par la loi, le livre-journal et le livre des inventaires ; que le livre-journal est la base de tout ; et qu'on ne comprend pas que si son oncle lui a fait une remise de la dette le 1ᵉʳ mars 1850, au moment de son acceptation, M. Jean Vayson n'ait point passé écriture de la libération qu'il prétend lui avoir été faite du capital quant à la nue-propriété.

8° Qne la justesse ordinaire à l'exact et savant auteur de la note s'est trouvée en défaut, quand il dit, page 46, qu'à cause des mots « Je confie, » ce n'était point en torturer le sens que de dire que dans la mention de Maximilien Vayson, *actif net* signifiait *l'actif net* de Jean Vayson. Certes, quand M. Maximilien Vayson parle de son propre inventaire, et qu'il dit au pied du résumé d'icelui que *l'actif net*, d'après les évaluations de l'inventaire s'élève à la somme de..... qu'il confie à son neveu, à qui il a cédé la suite de ses affaires.... » il s'agit bien de l'actif net de l'inventaire de Maximilien Vayson, et non de celui de Jean-Antoine Vayson ;

9° Qu'il est évident que Jean-Antoine Vayson n'a pas pu dire, à la fin de son acceptation, en y attachant le sens qu'on veut y prêter, le contraire de ce qu'il vient de dire au commencement par sa corrélation avec la proposition de l'oncle, qui lui a cédé la suite de ses affaires, ni par son renvoi à l'arrangement qu'il indique comme relaté ci-devant, et transcrit au bas de l'inventaire détaillé ci-devant ;

10° Qu'il est évident, par conséquent, que ces mots « *Total général de mon actif net, au 1ᵉʳ mars 1850, 619,034 fr. 86 c.*, précédés d'une relation à la page 289, pour expliquer comment » Jean Vayson peut rouler sur un capital de 519,034 fr. 86 c., » avec addition dans sa mention de 100,000 fr. mobilier, » ne veulent pas dire, ni qu'il ait payé, ni qu'on lui eût fait remise ; et que tout ce qu'on en peut tirer, c'est que la nouvelle maison annonce par ses livres avoir un capital réel de 649,034 fr. 86 c., dont 100,000 fr s'amortiront par la dépréciation annuelle du matériel qui les compose.

11° Qu'il n'y a aucune conséquence à tirer de l'omission des 519,034 fr. 86 c. au compte particulier de Maximilien Vayson ; qu'en effet, puisque Maximilien Vayson, outre le fait notoire et et public que son neveu lui a succédé dans le commerce, a son titre dans le livre-journal commun, et que le livre-journal est le *seul* dont la loi impose l'obligation aux commerçants, *l'omission* de porter ce capital au compte courant de Maximilien Vayson ne peut lui nuire ; car aucune loi ne force le créancier à se faire ouvrir un compte ; aucune loi ne le contraint à exiger l'inscription d'un article omis ;

12° Que c'est une erreur (puisque, malgré les dénégations de Maximilien Vayson, on le veut rendre participant de l'ordre dans lequel Jean Vayson tenait ses écritures), c'est une erreur de penser qu'une omission, même convenue ou concertée, puisse être la preuve de la libération de celui qui a omis de se débiter ou de créditer un tiers. Jamais une omission n'est en soi une preuve ; une omission peut toujours avoir une autre cause que l'intention de libérer. Le système serait trop commode pour les livres des commerçants ! Seulement si l'omission concertée peut nuire à des tiers, et que le concert soit prouvé, le créancier connivent sera tenu de réparer le préjudice ;

Attendu qu'il est prouvé jusqu'ici, que les 519,034 fr. 86 c., ou les marchandises et valeurs commerciales qu'ils représentaient, étaient dus à Maximilien Vayson au 1er mars 1850, même après la mention apposée à cette date par Jean Vayson ; qu'il n'y avait alors ni donation ni remise de dette, mais une simple créance de 519,034 fr. 86 c., et que le fait de n'avoir pas, par Maximilien demandé et par Jean-Antoine, opéré la passation du crédit de cette somme au compte courant de Maximilien, chez son neveu, est une circonstance sans importance ;

Attendu qu'il faut spécialement s'occuper ici des 509,737 f. 92 c. qui ont fait l'objet de la demande principale de l'appelant ;

Attendu que, dès qu'il est démontré qu'au 51 mars 1855, la créance de 519,034 fr. 86 c. était entièrement due, il s'ensuit que les 309,737 fr. 74 c., qui n'en sont qu'une portion impayée, étaient également dus à la même époque ;

Attendu d'abord qu'en supposant que tout ce qui s'est fait au 31 mars 1855, ou sous cette date, eût été valable et dans le fond et dans la forme, il serait nul aujourd'hui, du moins, quant aux libéralités faites par écritures de commerce, ou autrement, parce qu'elles ne constitueraient, au fond, que des donations en faveur d'un mariage avec une personne déterminée, et que tout, même les écritures, ayant eu pour cause et motif déterminant un mariage projeté avec une personne déterminée, tombe nécessairement faute de cause et d'événement de la condition, conformément aux art. 1109, 1131, 1181, au titre des Obligations et 1088, au titre des Donations, au Code Napoléon.

Attendu que les conclusions et la note de Jean-Antoine Vayson répondent que le projet de mariage n'est ici qu'un fait accidentel ; que l'époque des inventaires bisannuels arrivait au 31 mars 1855 ; que c'est pour l'inventaire et à cause de l'inventaire, non à cause du mariage, que les écritures ont été passées ; et que Maximilien Vayson n'a pas prouvé que ce qu'on faisait au 31 mars 1855, on le faisait pour le mariage ;

Attendu que l'arrivée d'une époque d'inventaire est une circonstance indifférente ; que si, avec le mauvais usage de ne pas faire inventaire tous les ans, le dessein de mariage était né au mois de décembre, un inventaire eût été nécessaire au mois de janvier ; qu'en effet, il ne s'agit pas de savoir si on a, au 31 mars 1855, fait un inventaire ; mais si les dispositions qui ont été prises alors ont eu pour cause le projet de mariage, ou ont eu pour cause l'inventaire ;

Attendu que la raison répond que, s'il n'y avait pas eu un projet de mariage avec une personne déterminée, M. Vayson n'aurait pas, d'un côté, retiré à la fois 524.000 fr. de bonnes valeurs, du commerce de son neveu ; qu'il est évident qu'il comptait qu'une dot en remplacerait une partie, et, d'un autre côté, que, s'il n'y avait pas eu un projet de mariage, il n'y avait pas de raison actuelle pour faire à Jean-Antoine les donations dont les projets se sont

succédé dans le courant du mois, ui les modifications apportées
aux livres le 31 mars 1855 ; que d'ailleurs, les notes et corres-
pondances produites par l'une et l'autre parties parlent de ce mariage d'une manière positive. Les unes, dans le cours du mois de
mars, d'un voyage à Paris, avant le 31 mars, et que s'il y a des let-
tres qu'on prétend être postérieures au 31 , elles sont évidemment
écrites à raison du même mariage ; d'où il suit qu'en supposant
qu'il y ait eu, à cette époque , une donation ou remise de dette
par écriture , de 509,757 fr. 92 c. ; cette prétendue donation ou
remise serait, d'après les principes ci-dessus rappelés, devenue ca-
duque et sans cause, faute d'accomplissement du mariage ;

Mais attendu, d'ailleurs, que la question de donation déguisée ne
peut pas se présenter relativement aux 509,757 fr. 92 c., à cette époque du 31 mars, puisque nous avons établi qu'à cette époque , les
519,054 fr. 86 c. étaient encore entièrement dus.

Attendu qu'en fait, à la date *du 31 mars 1855*, l'oncle ayant
reçu sur ce capital ancien, une somme de 209,296 fr. 92 c.,
M. Jean Vayson a porté ce paiement à *son compte personnel* à
divers en ces termes : f. 209,296 fr. 92 c., que je remets aujourd'hui à M. Vayson, mon oncle, *à valoir sur son compte ancien*.

Que dès qu'il a été démontré ci-dessus, que le compte ancien avait toujours subsisté dans son intégrité, quoique Jean Vayson n'en eût pas porté
le capital au compte personnel de M. Vayson, on n'a pas besoin de
démontrer ici que les 509,757 fr. 92 c. qui en restent, n'en seraient
pas moins dus, pour n'avoir pas été portés au compte personnel de
M. Maximilien Vayson, même quand l'écriture qui constate que les
209,296 fr. 92 c. sont reçus *à valoir* sur le compte ancien ; qu'à plus
forte raison, l'écriture du 31 mars 1855 *est une nouvelle preuve commerciale écrite* que Jean Vayson, qui n'a payé qu'à valoir, se reconnaît débiteur du reste et de la même manière ;

Qu'en conséquence, il doit non seulement les 509,757 fr. 92 c.,
en capital, mais encore les intérêts, comme il les devait pour la
somme entière de 519,054 fr., 86 c. ;

Attendu que, cependant, l'adversaire résiste en disant que les

termes de l'écriture du 31 mars 1855 : « *A valoir sur son compte*
» *ancien,* » sont DE PURE FORME. (Conclusions, p. 16) ;

Mais attendu que les termes des écritures commerciales ne sont
pas de pure forme; qu'ils sont, au contraire, du fond et cons-
tituent l'expression briève du fait qu'on enregistre, de sa cause et
de sa modification ; qu'en conséquence, les mots *à valoir sur son
compte ancien* ne signifient pas la même chose que POUR SOLDE de
son compte ancien, ce qui aurait signifié la remise du surplus;

Qu'ainsi, l'écriture du 31 mars 1855, au compte JEAN VAYSON,
son compte personnel à DIVERS, est un titre commercial pour Maximilien Vayson, qu'il lui reste dû, au 31 mars 1855, 509,737 fr.
92 c., sur les 519,034 fr. 86 c., dus depuis le 1er mars 1850 ;

Attendu que, néanmoins, Jean Vayson résiste encore et prétend
qu'en supposant que la prétendue libéralité de 519,034 fr. 86 c.
ne remonte pas à 1850, dans ce cas, il y aurait, au moins pour
les 509,737 fr. 92 c., *libération* pour Jean Vayson, et *donation* par
Maximilien, *par voie de remise de dette.* (Conclusions, p. 15) ;

Que Jean Vayson, prend pour base de ce système, une note de
Maximilien Vayson, non signée, qui contient une proposition au
neveu, sur ce qu'il y a à faire, selon lui, sur les livres, *pour le
mariage,* suivie de réflexions écrites, sur les effets des écritures qu'il
projette pour que Jean-Antoine ait le tout après la mort de
Maximilien ; une note ou projet de lettre à écrire par le neveu
pour le mariage ; une lettre de l'oncle au neveu sur ce qui s'est
passé au mois de mars avec le notaire de la famille, et un brouillon de lettre à un tiers sur des détails de ce qu'il entend faire
pour son neveu ;

Mais, attendu que toutes ces pièces sont improbantes *sauf en ce
point qu'elles prouvent formellement* que tout ce qui (selon l'époque
où chacune a été écrite) se fesait, se ferait, ou s'était fait
sur les registres, au 31 mars 1855, de modificatif à la position de
la veille, de Jean-Antoine envers son oncle, se faisait pour le projet de mariage;

Qu'en conséquence, il n'y a rien à tirer ni d'un projet de lettre donné à Jean-Antoine, par son oncle, pour écrire aux parents de sa future, eût-il été écrit après les écritures du 31 mars;

Ni d'un brouillon de lettre à un tiers, où l'on aurait parlé de donation faite sur facture, ni d'une lettre écrite au neveu le 24 mars, si l'on veut, où M. Vayson aurait dit, que c'était par factures que les marchandises et le matériel avaient été transmis....; Qu'il est évident que toutes ces énonciations n'ont pas été faites pour s'obliger, mais seulement pour dire dans quelle position on comptait mettre le neveu, si le mariage s'ensuivait;

Qu'on ne doit pas tenir plus de compte d'une note de M. Vayson faite évidemment aussi en vue du mariage, sur la manière d'établir les comptes, ni de ses réflexions au pied de cette note sur les libéralités qu'il eût voulu faire *après lui*, si on eût voulu suivre *entièrement* son projet; réflexions dans lesquelles se trouvent les mots *Jeannin est donataire*, sans dire de quoi; mots jetés là en vue des donations d'immeubles qu'on allait lui donner pardevant notaire pour le mariage;

Que rien de tout cela ne peut faire, au 31 mars 1855, preuve de donation des 309,737 fr. 92 c., quand Jean-Antoine Vayson reconnaît formellement, par ses écritures du même jour, rester devoir cette somme, par ces mots : fr. 209,296 92 c.... *à M. Vayson, mon oncle*, A VALOIR *sur son compte ancien*;

Que, même, cette note ne peut être, ni en fait ni en droit, un commencement de preuve par écrit de la remise des 309,737 fr. 92 c.;

Qu'elle ne peut l'être, *si elle est antérieure* à l'écriture de Jean Vayson, faite du consentement de l'oncle, puisqu'elle se trouve effacée par ce consentement, à ce que Jean Vayson n'ait payé 209,296 fr. 92 c., *qu'à valoir* sur son compte ancien;

Qu'elle ne peut être non plus en fait, un commencement de preuve par écrit de la vraisemblance de remise de cette dette, si la seconde partie de la note a été écrite après les écritures faites; car, cette seconde partie voudrait dire : Jeannin a eu tort de ne pas suivre ma note, il y aurait gagné, car, suivant ma note, il aurait eu après moi et ce qu'il me paye et ce qu'il reste me devoir. Or, cela ne veut pas dire qu'on en fasse remise, ni qu'on le donne.

Attendu, en droit, que l'on ne peut pas prouver, par commencement de preuve par écrit et par présomption, une remise de dette ; faite *par un pur esprit de libéralité* ;

Qu'une remise de dette *tantùm animo donandi,* est une donation entre vifs ;

Qu'il est vrai, que même quand la remise est faite *animo donandi,* le donateur ne peut attaquer ni la quittance simulée, ni la remise volontaire du titre obligatoire au débiteur, parce que, dans ce cas, la remise est une donation déguisée ; que le donateur s'est dessaisi complètement, et que l'ancien débiteur se trouve muni de la preuve complète de sa libération ;

Mais qu'il en doit être autrement quand le fait de remise n'est ni opéré ni complet ;

Que tant qu'il n'est ni opéré ni complet, il n'y a encore ni donation déguisée ni donation entre-vifs, mais seulement une volonté non encore légalement exprimée de faire une donation ;

Qu'ainsi, demander à prouver, par commencement de preuve écrite et par présomptions, que telle personne *a voulu faire* une remise de dette de 300,000 fr., *par pure libéralité*, ce serait demander à faire preuve par commencement de preuve écrite et par présomption, *d'une donation entre-vifs* dont la preuve n'existe pas, ni comme preuve légale et solennelle d'une donation entre-vifs, ni comme preuve légale d'un contrat parfait dans la forme et conférant la possession de la chose ou l'extinction définitive de la dette : demande qui serait contraire aux lois des donations ;

Que, d'après ces principes, qui sont incontestables, non seulement la note informe de M. Vayson n'est pas un *titre libératoire* comme l'a dit le jugement dont est appel ; mais qu'on ne peut même invoquer cette note comme commencement de preuve par écrit ;

Qu'en conséquence, il est inutile d'examiner ici les présomptions insignifiantes qu'ont accumulées les premiers juges ; elles ont été examinées ailleurs.

Attendu maintenant qu'il s'agit de savoir, si Jean-Antoine Vayson débiteur des 509,737 fr. 92 c. jusqu'au 13 août 1856, et par conséquent des intérêts, est devenu *irrévocablement* propriétaire de cette somme par l'article de la déclaration dudit jour, commençant par les mots « *Je déclare de plus....* et finissant par ceux-ci : MA VIE DURANT»; et par conséquent, si l'oncle a eu le droit de révoquer la disposition qu'il avait faite;

Attendu que la déclaration du 13 août n'est qu'une disposition à cause de mort, révocable à la volonté du disposant;

Que les donations à cause de mort, prohibées par l'art. 893 du Code Napoléon, sont (à l'exception des donations de biens à venir en contrat de mariage), toutes celles qui, sous l'ancien droit, manquaient sur un point quelconque, à la grande règle des donations entre-vifs, *donner et retenir ne vaut;*

Que M. Vayson ne l'a faite que comme acte provisoire, et n'a pas voulu en faire l'objet d'une donation entre-vifs;

Qu'il a donc eu la faculté légale de la révoquer, et qu'il en a usé;

Attendu que M. Jean Vayson élève cette défense, que cette partie de la déclaration *est une remise de dette.* et que cette remise de dette ne peut être privée de son effet, par cela seul, qu'au lieu d'être pure et simple, elle est accompagnée d'une condition résolutoire;

Mais attendu que M. Vayson n'a pas voulu faire une simple remise de la dette; qu'il a voulu en faire une *donation* qu'il savait être révocable; qu'il dit lui-même, dans la lettre d'envoi, que *les donations qu'il a faites* (dans l'acte qu'il laisse) ne sont pas dans les formes voulues par la loi.

Attendu que la première chose, pour juger un acte unilatéral, est de s'attacher aux termes; que le paragraphe précédent, en parlant du mobilier industriel, s'exprime d'une manière *donative* sur le le mobilier de Pont-Remy : « Je veux le lui donner, s'il me survit, sauf le droit de retour en cas de prédécès; »

Qu'il n'y a pas d'équivoque ici, M, Vayson veut *donner* par donation ;

Donc dans le paragraphe actuel, c'est la même pensée d'exercer *son pouvoir de maître* sur les 509,747 fr. qui lui fait dire : *Je les lui donne dès aujourd'hui*, mais pour entrer en jouissance après ma mort, et sous la condition *que la donation sera nulle*, si etc., etc..... Dans sa pensée, il n'entend pas éteindre la dette.

En vain dit-on, (p. 62 de la note) qu'il y a contradiction avec l'interprétation du mot *donner* et les *déclarations renonciatives valables* relatives au mobilier d'Abbeville : *Je déclare avoir donné* ; je promets qu'aucune recherche ne pourra avoir lieu sur ce fait accompli de la part de mes héritiers...... il est évident que *je déclare avoir donné autrefois*, n'est même pas une remise de dette : C'est la renonciation à recevoir sur une affaire, même quand l'autre partie manquerait de documents de libération ; tandis que dans le paragraphe actuel, je déclare donner et je donne sont *au présent* et accompagnés de termes qui ne conviennent qu'à la donation, qu'à la libéralité.

Attendu d'ailleurs et en droit :

Qu'il ne faut pas confondre **deux** choses différentes, pour lesquelles, dans le langage relâché, on se sert du mot *remise* : 1° *La remise proprement dite*, laquelle est un *fait extinctif*, prévu par le chapitre V, de l'*Extinction des obligations* ; et 2° *la convention de remise*, laquelle est un contrat ajouté au contrat primitif et qui le modifie, et qui doit se juger *secundùm materiam subjectam ;*

Qu'il est évident que la remise considérée comme fait extinctif, est un *distrat* qui opère l'extinction à l'instant même ;

Qu'au contraire, la convention de remise pour tel ou tel cas, *sub conditione* ou *in diem*, n'est pas une remise actuellement opérée ; qu'elle n'est qu'une *promesse* de remise, si tel événement arrive ; qu'avant d'appliquer ces distinctions, il faut aussi en faire une entre les deux natures de remise de dette ; 1° la remise de dette *dans* le cours ordinaire des affaires ; 2° la remise de dette *par pure libéralité*, que tous les auteurs reconnaissent être une vraie donation.

Le Code n'a parlé dans le paragraphe : *De la remise de dette*, que comme d'un fait actuellement extinctif, comme les autres paiements fictifs.

Il n'a parlé nulle part de la convention de remise.

Donc, quand une *convention de remise* (comme tout autre contrat innommé, ou n'ayant point de titre dans le Code. — C. N. article 1107), se présentera dans le cours ordinaire des affaires, sera affectée d'un terme, d'une condition suspensive ou résolutoire, ou de tout autre mode licite, il faudra l'expliquer ou l'appliquer selon les règles communes aux conventions, conformément à l'art. 1107 du Code Napoléon, quoiqu'il en résulte des anomalies.

Mais quand il s'agira de la remise *animo donandi*, par pure libéralité, sans autre intérêt pour le donateur que de suivre sa bonne volonté, il faudra distinguer si la remise s'est opérée par un fait actuellement extinctif où s'il est fait une convention de remise.

Si le fait est extinctif, comme la quittance donnée sans recevoir d'argent, comme la remise volontaire du titre sous seing-privé, la remise sera valable, comme fait absolument extinctif, quoiqu'il y ait donation, parce que la loi souffre les donations déguisées, quand le donateur s'est entièrement dépouillé de la chose et des moyens légaux de reprendre la chose et de la ressaisir ;

Mais si, au lieu du fait absolument extinctif, il s'agissait *animo donandi* d'une convention de remise à terme, sous une condition licite, suspensive ou résolutoire, non seulement relative au décès ou à la survie de l'un ou de l'autre, mais même en subordonnant la remise de la dette à un événement quelconque, par exemple, Pierre, créancier de 500,000 de Paul, lui dit, sans avoir d'intérêt à la condition qu'il impose : Je vous fais remise de votre dette si vous vous mariez dans deux ans; Paul, qui lui est étranger, l'accepte et tout est rédigé par un acte double sous-seings privés; il n'y aura là *qu'un contrat nul;* par la raison qu'alors il ne s'agit pas *du fait* de remise extinctif *de la dette*, mais d'une *promesse* de remise pour un cas donné faite *par pure libéralité*; qu'une pareille promesse n'est au fond qu'une donation conditionnelle d'une créance non actuelle-

ment éteinte ; — que l'art. 1107 qui est au titre des obligations peut
bien régir la promesse conditionnelle de remise dans les affaires
ordinaires où on suppose, même dans la modération du créancier,
un intérêt personnel à la convention de remise , mais que cette
présomption cesse toutes les fois qu'il est clair que c'est *par pure
libéralité* qu'on fait une pareille promesse.

En effet, par l'art. 1107 , le contrat de donation est excepté,
puisqu'étant un contrat nommé, ayant un titre particulier dans le
Code, les articles 931 et suivants régissent seuls *la forme et la preuve
des donations* ;

Attendu dès lors, en droit, que cette doctrine , puisée dans les
termes et dans l'économie de la loi , prouve qu'on ne peut pas
prendre l'acte unilatéral du 13 août 1856 comme un commencement de preuve par écrit d'une remise de dette à compléter par
des présomptions arbitraires, comme le propose l'adversaire ;

On ne le pourrait pas même s'il s'agissait d'une convention de remise dans le cours des affaires ordinaires ; et quand les auteurs
disent qu'on peut prouver une remise de dette par présomption,
au moyen d'un commencement de preuve par écrit, il faut réduire
ce qu'ils disent à la preuve du fait extinctif ; car, en effet, la convention ou promesse de remise d'une dette dans tel cas éventuel,
ne peut, comme tous les contrats innommés que comprend l'article
1107, être prouvée que conformément aux règles des preuves des
obligations en général, c'est-à-dire par écrit ; que si on le doit dé-
cider ainsi, dans le cas même où la promesse de remise est sup-
posée intéressée , il faut, à plus forte raison , conclure que la
doctrine de M. Jean Vayson n'est pas applicable à la promesse
de remise pour un cas éventuel, quand la promesse est faite *animo
donandi*.

En deux mots, la déclaration est une donation nulle à défaut de
forme et révocable comme donation *mortis causâ* ; elle est conçue
en termes qui indiquent nécessairement l'intention de donner ; elle
n'est point un fait extinctif ; Maximilien Vayson était libre de la
révoquer ; il a usé de sa faculté légale ; quand M. Vayson aurait

promis *animo donandi* et aurait fait une convention éventuelle de remise à son neveu sous une autre condition suspensive ou résolutoire, elle serait encore nulle, même acceptée ; donc, les 509,737 fr. 94 c., n'ont pas cessé un moment d'être dus tant en capital qu'en intérêts;

En ce qui concerne spécialement les intérêts :

Attendu que l'omission du premier juge d'y avoir statué doit être soumise à la Cour dans les causes en premier ressort ;

Attendu que les intérêts échus depuis le jugement doivent être réclamés devant la Cour;

Attendu très subsidiairement, et seulement pour rendre hommage à la souveraineté de la Cour, dans le cas où, contre toute attente, le jugement serait confirmé dans la disposition qui déclare Maximilien Vayson non recevable en sa demande de 509,737 fr. 94 c., attendu que le texte de la déclaration de 1856, oblige Jean Vayson au paiement des intérêts, et qu'un jugement rendu par une autre juridiction sur d'autres chefs, ne peut influer sur la déclaration du 15 août 1856;

En ce qui concerne le rétablissement au crédit de l'appelant de la somme à laquelle montera, d'après les livres de Jean Vayson, la dette de la fabrique envers la filature de Pont-Remy, déduction faite des dépenses de la fabrique, depuis le 31 mars 1855 jusqu'au 15 août 1856;

Attendu que cette demande est fondée sur ce que jamais il n'y a eu de facture signée ; que c'était un arrangement spécial pour le mariage qui ne s'est pas accompli, et une suite naturelle d'un projet de donation de l'immeuble, laquelle n'a pas eu lieu, et autres motifs à plaider ou à suppléer par la Cour;

En ce qui concerne la créance de 53,162 fr. 68 c., dont le débit de M. Vayson s'est trouvé indûment grossi ;

Attendu qu'en supposant que Jean Vayson ait acquis la part de sœur dans cette créance, jamais la cession n'a été signifiée à M. Vayson, et qu'en conséquence, une créance indivise ne pouvait pas être portée en compensation; que d'ailleurs, il était convenu que les intérêts en seraient payés à Mᵐᵉ Vayson, mère des créan-

ciers. Pour que M. Jean Vayson eût le droit d'en demander le
principal, il faudrait au moins qu'il en remît les titres à M.
Vayson; qu'en conséquence, par ces motifs et autres à déduire et
suppléer par la Cour, cette somme doit être déduite de son débit,
aux offres qu'il fait de payer les 33,472 fr. 68 c., à la première
demande, sur la remise de ses titres obligatoires et avec la preuve
du consentement de Melle Hermandine Vayson et de Mme Vayson
mère des nus-propriétaires.

En ce qui concerne le jugement du Tribunal de commerce sur
la demande reconventionnelle :

Attendu que le Tribunal de commerce était incompétent *ratione
materiæ et ratione loci* pour statuer sur une demande relative à la
succession de Mme Vayson.

Que cette incompétence est de droit public, qu'il y a donc lieu
de prononcer la nullité du jugement en ce point, et de renvoyer
la cause et les parties devant les juges qui en devaient connaître ;

Par ces motifs et autres à suppléer de droit et d'équité ou à
déduire ultérieurement.

Sans s'arrêter aux moyens fins et conclusions de l'intimé dans
lesquels il sera déclaré non recevable ou en tous cas mal fondé.

Mettre l'appellation et le jugement dont est appel au néant.

1° En ce qu'il n'a pas condamné Jean-Antoine Vayson au
paiement de la somme de 309,737 fr. 94 c., restant du capital
à lui confié par l'appelant, le 28 février 1850 ;

2° En ce que cette somme n'a pas été déclarée productive d'intérêts en faveur de M. Joseph-Maximilien Vayson, le capital dût-il
ou ne dût-il pas lui être restitué;

3° En ce que dans le compte particulier de M. Joseph-Maximilien
Vayson, dont la balance a été admise par les premiers juges, M.
Jean-Antoine Vayson s'est crédité à tort de la totalité d'une somme
de 33,472 fr. 68 c., tandis qu'il n'aurait dû faire figurer au crédit
de son compte, que la moitié de cette somme lui appartenant seulement :

4° En ce que l'intimé n'a pas été condamné à fournir à l'ap-

pelant le compte supplémentaire des produits de la filature de Pont-
Remy, du 31 mars 1855 au 31 août 1856 ;

5° En ce que le Tribunal de commerce ne s'est pas déclaré incompétent, *ratione materiæ*, pour statuer sur la prétendue demande
reconventionnelle étrangère au compte-courant.

Ou tout au moins encore en ce que la demande reconventionnelle
n'a pas été rejetée.

Emendant et réformant quant à ces dispositions, décharger l'appelant des condamnations contre lui prononcées, faisant droit au
principal et ce que les premiers juges auraient dû faire :

1° Condamner Jean-Antoine Vayson à payer à Joseph-Maximilien Vayson, la somme de 509,737 fr. 94 c., restant due sur le
capital que celui-ci a confié le 28 février 1850 ;

2° Condamner également ledit intimé à payer à l'appelant les
intérêts de cette somme sur le pied de cinq pour cent par an, avec
capitalisation annuelle depuis le dernier paiement qu'il en a fait,
jusqu'au remboursement de la somme capitale.

Très-subsidiairement seulement et pour le cas où par impossible
la Cour ne croirait pas devoir ordonner la restitution dudit capital,
condamner l'intimé à servir à l'appelant lesdits intérêts par semestre.

3° Dire qu'à tort, le compte particulier de l'appelant a été
débité, à la date du 31 août 1856, de la somme de 33,172 fr. 68 c.,
qu'il doit être déduit sur ce chiffre moitié de cette somme, soit
16,586 fr. 51 c., et que le solde créditeur en faveur de M.
Joseph-Maximilien Vayson devra être augmenté d'autant ;

En conséquence, ajoutant ladite somme à la balance de 8,084 fr.
30 c. reconnue devant le Juge-Commissaire, fixer à 24,670 fr. 64
c., ladite balance de compte que l'intimé sera condamné à payer
avec intérêts ;

4° Condamner l'intimé à payer à l'appelant les produits de la
filature de Pont-Remy, depuis le 31 mars 1855, jusqu'au 15
août 1856, lequel compte sera, comme il l'a été pour les années
précédentes, établi d'après les livres de l'intimé.

5° Déclarer mal à propos et incompétemment portée devant le

Tribunal de commerce d'Abbeville, la demande reconventionnelle de l'intimé ;

Dire que, quant à cette demande, la juridiction dudit Tribunal était incompétente, à raison de la matière, déclarer en conséquence, nulles et non avenues, les décisions intervenues sur ladite demande reconventionnelle ;

Subsidiairement, et pour le cas où la Cour déciderait qu'il n'y avait pas incompétence *ratione materiæ* ;

Au dit cas rejeter ladite demande, la déclarer non recevable et mal fondée.

Ordonner la restitution de l'amende consignée. Condamner l'intimé en tous les dépens des causes principal et d'appel.

Sous la réserve de prendre toutes autres et plus amples conclusions.

Et ce sera justice.

MACHART , avoué.

M' DAUPHIN , avocat plaidant.

Amiens, imp. de E. Yvant.

www.ingramcontent.com/pod-product-compliance
Lightning Source LLC
Chambersburg PA
CBHW060517200326
41520CB00017B/5073